Noodles

ein november

N o o d l e s

ein november

eine reiseerzählung

Impressum

1. Auflage

Satz und Druck: Buchfabrik JUCO • www.jucogmbh.de

ISBN 978-3-86634-281-1
Preis: 9,80 Euro

es ist das unvergleichliche vorrecht des dichters,
dass er nach lust und laune ein anderer sein kann.

charles baudelaire

november
brüssel, 1. nov 1993

da war er, mein zug nach belgien. 1:20 uhr nachts, pünktlich. ich ließ mich in die polster des leeren abteils fallen, tasche neben mich. erst mal ein dosenbier, zisch, krack.
ich hatte mir viel vorgenommen für diesen monat, für november 1993. ich war mit skizzenblock und minicamera bewaffnet und befand mich am anfang meines projektes »feuerzeug«. mir kam die idee im »zauberberg«, einer diskothek. es war vor drei wochen. wieder einmal hatte ich ein feuerzeug in der tasche, von dem ich einfach nicht wusste, woher ich es hatte. wie so oft, man findet ein feuerzeug, das einem nicht gehört, nicht wirklich. irgendwann würde es wieder weg sein, in die hände eines anderen gefallen sein. ich fragte mich in diesem moment, was so ein feuerzeug, lebte es, denn im laufe seines daseins so alles sehen, wie oft es zeuge ganz privater und persönlicher momente sein würde, welche abenteuer es wohl durchwirkte, bis irgendwann das letzte gas entwichen war. da war sie geboren, meine idee: ich wollte den weg eines feuerzeuges nachzeichnen. wie es von einer hand in die andere gelangte und so viele kleine geschichten erlebte, wie es ein kurzer mitreisender in ganz verschiedenen menschlichen existenzen war. in meiner vorstellung durchquerte das feuerzeug halb europa, von einem menschen zum nächsten springend. das war mein comic-plot. was ich dann jetzt auch tat: einen monat lang wollte ich quer durch europa reisen und jede meiner geschichten, die ich dort erlebte, dokumentieren. ich spielte feuerzeug, den ganzen november dieses jahres.
ich war gespannt, was sich alles ereignen würde, 30 lange tage und nächte lagen nun vor mir.
wir hatten gerade frankfurt passiert und ich starrte hinaus in das dunkel der nacht. gleichmäßig klapperten die räder auf den gleisen, ich trank mein bier, rauchte eine zigarette.

der schaffner weckte mich. »in einer stunde erreichen wir brüssel«, sagte er. draußen dämmerte es schon. milchiges novemberlicht verdrängte die nacht.
die bierdose war leer. ich steckte mir eine zigarette an, schnippte in die dose und stierte in den kommenden tag da vor mir. das land war flach und unspektakulär. irgendwie öde. ich wurde müde.
als ich wieder wach wurde befand sich der zug bereits auf dem weg nach ostende. ich hatte brüssel einfach verpennt.
sollte ich etwa gleich zu beginn der reise nach london fahren? diese station war mir von früher bekannt. von ostende aus war ich bereits mehrere male nach dover übergesetzt, um von dort aus weiter nach london zu trampen. ich überlegte und wurde mir einfach nicht schlüssig.
ostende, endstation. ich schloss meine tasche in einen gepäckschrank und lief los, geradewegs irgendwohin, landete am meer. die see war rau, im hafen lagen mehrere fähren vor anker. besoffene engländer torkelten mir entgegen. offensichtlich noch immer ein beliebtes reiseziel für briten: der billige festlandrausch. 9 uhr früh. london war da draußen vor mir und ich zögerte.
wahrscheinlich war es vor allem doch wieder nur eins: maßlos teu-er.
das wetter war grau und feucht und kalt. ich beschloss, zurück nach brüssel zu fahren. keine lust auf insel und exorbitante preise.

gegen mittag, 1. november 1993. ich erreichte brüssel.

raus aus dem zug auf den bahnsteig, kofferaufbewahrung, der erste ausgang, raus auf eine kleine straße. orientierungsblick ... um mich herum: sexshops, puffs und peepshows. – ich betrat brüssel inmitten seines vergnügungsviertels. lustig.
»eine peepshow ...«, dachte ich mir beim dahinschlendern, »so was gibts doch in deutschland schon gar nicht mehr« und neugierig betrat ich den laden.
ich wechselte meine belgischen francs, die ich am bahnhof aus dem automaten gelassen hatte, in münzen und betrat eine der kabinen. ich warf eine münze in den schlitz, mein fenster öffnete sich. vor mir räkelte sich eine stripperin in fahlem rotlicht, und als sie mitbekam, dass sich mein rollladen geöffnet hatte, drehte sie sich zu mir hin und spreizte sofort ihre beine weit auseinander.
das mädchen war im schritt rasiert und hatte ein wundervolles geschlecht. rot und üppig und wulstig. ein einladender anblick.
da die kabinen kreisförmig um die bühne herum angeordnet waren, sah ich durch mein fenster nicht nur das model, sondern auch die fenster der kabinen gegenüber: da standen sie, die wichser, und schafften an sich herum. »welch groteskes bild«, dachte ich. fast sah es so aus wie bei einer fotovernissage, all die rotbeleuchteten gesichter hinter gläsern, wie eingerahmte portraits.
mein rollladen schloss sich wieder und ich warf eine münze nach. das model stand plötzlich auf und verließ die bühne mit ihrem handtuch. ein anderes mädchen kam herein, gefolgt von einem mann. die beiden sahen sich kurz um unter den spannern und begannen mit ihrem programm. die nackte breitete ihr handtuch aus und legte sich auf den rücken. der mann schritt auf sie zu und rieb sich seinen leicht eregierten penis bis er richtig steif war.

dann kniete er sich nieder und drang in die pussy des mädchens ein. sie fickten, da vor uns. so etwas hatte ich noch nicht gesehen. und eigentlich war es richtig geil. bei allem was sie taten, starrten sich die beiden tief in die augen, beinahe manisch, wie fixiert; ließen nie einen blick auf die gleiten, die sie anstarrten. wenngleich mir klar war, dass diese beiden es nur des geldes wegen machten und nicht etwa aus exhibitionismus oder naturveranlagung, so törnte mich die szenerie dennoch ungemein an. ich hatte noch nie jemandem beim ficken zugesehen und es war einfach geil. eine live-pornoshow vor meinen augen.
die wichser wichsten.
mein fenster schloss sich erneut. ich hatte kein kleingeld mehr übrig und so verließ ich die peepshow.
ich spazierte durch brüssels straßen, ohne dass sich irgendetwas wesentliches ereignet hätte. ich fand eine boulangerie, in der ich mich niedersetzte und einen grand café crème und ein pain au chocolat verschlang. ich sog genüsslich an meiner zigarette und trank einen schluck milchkaffee, beobachtete die bäckereikunden und die leute da draußen, die endlosen mengen von passanten.
brüssel trug meines wissens den beinamen »klein-paris«, aber von paris war hier nicht viel zu sehen. hier war es einfach zu sauber, und außerdem fehlte brüssel dieses flair, das paris so einzigartig machte.
ich ging zurück aufs trottoir und lief bis zum abend kreuz und quer durch straßen und gassen, bis ich mich erschöpft auf ein bier in einer brasserie niederließ.
lange würde ich hier nicht bleiben, hier in bruxelles, irgendwie schien mir alles zu nichtssagend für meine comicstory.
es war schon spät, als ich die brasserie wieder verließ. »jetzt ein nachtzug nach paris, schön leer, ein abteil für mich und schlafen bis zum morgengrauen«, dachte ich mir und lief zurück in richtung bahnhof.

den nachtzug gab es, aber der hatte keine abteile und war gnadenlos überfüllt, und ich war froh, als ich endlich überhaupt einen freien sitzplatz entdeckte. zusammengekauert zuckelten wir dahin, es wurde eine lange, strapaziöse nacht, bis wir endlich am morgen paris erreichten.

paris, 2. nov

gare du nord, ich stieg aus, rein in die métro und hinüber zum gare de l'est. rolltreppen, bahnhofshalle und hinaus auf die straße, tasche schleppen, laufen, erste links, rue sibourg, und da war es auch schon, das hôtel du centre. doch was war das? ein neues schild hing da an der fassade. als ich das gasthaus betrat, musste ich feststellen, dass alles dort komplett renoviert worden war. aus der kleinen, leicht schmuddeligen, aber gemütlichen kaschemme war ein 2-sterne-hotel geworden und dementsprechend waren die preise. stolze 80 dm kostete die nacht, fast das doppelte wie früher. ich buchte vorsichtig eine nacht, denn lange wollte ich mir diesen spaß nicht leisten.
paris war teuer wie eh und je, ein café au lait kostete mittlerweile 24 francs, 8 mark. nur die zigaretten war billiger als daheim. ich saß da und sog meine erste gitane blonde in frankreich. nur hier war der tabak unverfälscht französisch, in allen anderen ländern wurden zu originaltabaken heimische gemischt, eine melange. ich liebte diesen rauhen, würzigen geschmack der französischen gitanes. und die verpackung war ohnedies die schönste der welt, mit der tanzenden zigeunerin in dunkelblauen rauchschwaden, schwarzer hintergrund, goldene schrift, einfach stylisch.
ein franzose saß neben mir und trank ein viertelchen rotwein, und ich fragte, ob er heute seinen freien tag habe.
»oh nein«, antwortete der franzose, »ich bin auf dem weg zur arbeit.«
»vor der arbeit einen roten schoppen ... – die franzosen haben einfach mehr lebensstil als wir deutschen«, dachte ich und erfreute mich der typischen pariser bistroatmosphäre.
ich hatte lust auf die großen sehenswürdigkeiten und so fuhr ich kreuz und quer mit der métro durch die stadt. champs elysées und tour eiffel, seine-ufer und clichy, einfach bezaubernd, dieses paris.

hier und da machte ich ein foto als storyboard für den comic. abends kehrte ich mit einkäufen zurück ins hotel. es gab heute camembert, baguette und rotwein aus dem supermarkt gegenüber. essengehen war zu teuer in paris. nachdem ich mich geduscht und gestärkt hatte, verlustierte ich mich noch einmal am place pigalle. ich wurde alle naselang von türstehern zum betreten des lokals aufgefordert und von nutten auf der straße angemacht, eine fasste mir einfach an die eier und grinste mich lüstern dabei an; ich atmete die herrlich verruchte atmoshäre des pigalle. gegen 24 uhr kam ich zurück ins hotel. ich trank meinen rest rotwein. über den tag nachdenkend, wurde ich müde. ich hatte die letzte nacht ja nicht geschlafen, erinnerte ich mich, und legte mich ins bett.
am morgen ließ ich mir das frühstück aufs zimmer kommen. ich tauchte mein croissant in den milchkaffee und schaute zum fenster hinaus. gegenüber war eine kirche, wohl gothik, grau und von abgasen verdreckt.
bis 12 durfte ich noch im hotel bleiben und so begann ich den tag mit einem morgenspaziergang. irgendwo fand ich einen schuhladen und ein paar französische lederschuhe für erstaunlich günstige 30 dm. die kaufte ich. die alten waren heruntergelaufen und stanken erbärmlich. ich entsorgte sie im nächsten papierkorb und benutzte ab jetzt die neuen. sie passten wie angegossen und hatten pariser chic.
ich überlegte mir, ob ich noch einen tag in der seine-metropole dranhängen sollte und entschied mich spontan, weiterzureisen. es war der 3. november 93 und es war mein geburtstag. st. étienne stand heute auf dem plan und das hatte seinen grund.
ich erkundigte mich im bahnhof nach einem zug, holte mein gepäck aus dem hotel und fuhr mit der métro hinüber zum gare du sud.
nach einer weile kam mein zug und ich bestieg ein abteil. ich musste 18 ff extra beim schaffner bezahlen, da ich mei-

BLONDES

nen platz nicht hatte reservieren lassen, aber ansonsten hatte ich während der gesamten fahrt ein ganzes abteil für mich alleine.
ich stierte wieder einmal hinaus in die metamorphosierende landschaft und dachte an zuhause, an chouchou, meine freundin. mit wem würde sie wohl jetzt gerade vögeln? mit clemens? oder mit viktor? sie betrog mich, chouchou, und das schon seit einer weile. sie hatte versucht, es zu mir verheimlichen, doch all ihr verhalten verriet mir, dass sie mit anderen männern zugange war und bei einer flasche wein schließlich gestand sie. aber sie gestand mir nicht einen, nein, sie gestand mir zwei lovers und das überforderte mich. und in einem anflug von wahnsinn sagte ich: »na und? dachte ich mir eh schon. wie wär's, wenn du mir die beiden mal vorstellst?« seitdem kannte ich meine nebenbuhler mit namen, clemens und viktor, wie gesagt, fickten ebenfalls meine freundin. es fühlte sich erbärmlich an, betrogen zu werden, aber irgendwie versuchte ich den generösen zu spielen, über allem zu stehen.
ich stand in wirklichkeit über gar nichts. zwei schmerzende stachel im herzen, die sich täglich tiefer bohrten.
und mit welchem von beiden würde sie wohl heute ficken?

st. étienne, 3. nov

katja wohnte seit kurzem in st. étienne und hatte mir vor antritt der reise noch ihre neue adresse zukommen lassen. zeit für einen überraschungsbesuch.
katja war eine alte schulfreundin von mir, die immer schon ihren ganz eigenen weg gegangen war. jetzt hatte sie ein grafik-design-studium an der école des beaux-arts in st. étienne begonnen und war mit sack und pack einfach nach frankreich gezogen. bewundernswerte initiative.
st. étienne wirkte nach all dem paris wie ein kleines provinznest, und nach 10 minuten laufen hatte ich bereits katjas adresse erreicht. ich klingelte, aber kat war offensichtlich nicht da. ich setzte mich auf meine tasche und zeichnete gerade ein wenig, als katja plötzlich um die ecke kam und vor freude sofort laut schrie, als sie mich erblickte.
wir rannten aufeinander zu und umarmten uns.
klar könne ich übernachten bei ihr und ein paar tage bleiben, sagte kat, und freute sich, dass sie hier, in frankreich, besuch von zuhause bekam.
wir gingen in ihre wohnung, und ich legte ab. ich erzählte katja, dass ich heute geburtstag hatte. schon bald war ich wieder auf der straße, zwei flaschen wein besorgen.
»in frankreich kann man ruhig auch billigen wein trinken«, sagte kat, »nicht so wie zuhause.«
ich schnappte mir zwei flaschen roten für umgerechnet 2 mark und tingelte zurück zu katja. die hatte inzwischen gekocht. couscous mit gemüse und fleisch, es schmeckte superlecker. wir ratschten und feierten bis nach mitternacht, bis katja meinte, sie müsse morgen raus, studieren, es sei zeit fürs bett. kat und ich teilten uns ihr bett, da sonst keine weitere schlafgelegenheit vorhandenen war, und nachdem wir nun schon mal zusammen im bett lagen, begann ich an katja herumzufummeln. wir küssten uns wild und strichen ungestüm an unseren körpern entlang.

»geil, geburtstagsfick!«, dachte ich und strich grinsend über katjas venushügel, als sie sich plötzlich wegdrehte, mich sanft von sich stieß und sagte:
»nein, noodles, nein, noodles: stop. – ich habe mir geschworen, meiner beziehung *dies eine mal* treu zu sein.«
»und das musst du ausgerechnet *dann* ausprobieren, wenn *ich* da bin?!«, protestierte ich.
doch aller protest und erneute versuche, sie herumzukriegen, halfen nichts, katja war diesmal eisern. sie wollte offenbar allen ernstes treu sein.
»so eine scheiße!«, dachte ich und seufzte; ich rollte mich ein. kein geburtstagsfick dieses jahr, la merde.
trotz des strikten bettreglements wurden es wunderschöne tage in st. étienne. das wetter war für november erstaunlich mild und sonnig, sodass man tagsüber sogar noch auf dem balkon sitzen konnte. ich streifte umher und machte fotos für meinen comic, von der stadt, den plätzen, den cafés, von der école des beaux-arts und von dem appartement und natürlich von katja.
»sie könnten einen netten teil in der geschichte ausmachen, die situationen von hier«, dachte ich mir und zeichnete ein stillleben vom küchentisch.
katja kochte einfach wunderbar und abends betrachteten und besprachen wir ihre studienarbeiten, tranken billigen roten und philosophierten bis spät in die nacht.
»chouchou betrügt mich mit zwei männern!«, sagte ich eines abends unvermittelt zu kat, »und ich weiß einfach nicht, wie ich damit umgehen soll; ich ertrage es nicht, kann aber auch nicht schlussmachen.«
mein kopf sank nachdenklich.
»ach, noodles«, seufzte katja, »dass du dich auch immer in frauen verliebst, die dir einfach nicht guttun.«
sie sprang auf und kruschte in ihren kassetten.
ich öffnete die zweite flasche wein. kat kam mit einem tape wieder zum vorschein.

»hör mal«, sagte sie und legte das tonband ein. ich lauschte. französischer chanson. ich hatte mühe, den sänger zu verstehen, mein französisch war nicht wirklich gut.
»jetzt!«, sagte katja, »écoute!«, und ich hörte genau zu:
»je bois – systématiquement – pour oublier – les amis de ma femme.«
da hatten wir den salat.
»ich trinke – systematisch – um zu vergessen – die freunde meiner frau zu vergessen.«
ich stöhnte leise und starrte laut in den wein.
die nackte wahrheit ...
ich nahm einen großen schluck, steckte eine kippe an.
kat wechselte die kassette. die dietrich begann zu singen:
»wenn ich mir was wünschen dürfte, käme ich in verlegenheit, was ich mir denn wünschen würde, eine gute oder schlechte zeit. ... wenn ich mir was wünschen dürfte, käme ich in verlegenheit, denn wenn ich allzu glücklich wäre, hätte ich heim-weh nach der trau-rig-keit.«
»tjaja«, seufzte ich, frauen ... – es geht nicht mit und es geht nicht ohne.
»santé, kat.«
»à la tiénne«, sagte kat und unsere gläser klirrten.
ich fühlte mich elend.

les-st.-maries-de-la-mer, 9. nov

am 6. tag kam katjas freund michel zu besuch, und da es nur ein bett für alle gab, war es an der zeit für mich, wieder abzureisen. ich redete noch eine weile mit kat und michel und dann packte ich meine sachen. katja und ich verabschiedeten uns herzlich, und dann lief ich hinunter zum bahnhof.
zwei stunden später saß ich im zug nach marseille. ich wollte das meer sehen. ich überlegte: »sollte ich lieber an die côte d'azur oder lieber richtung spanien weiterfahren?« wir hatten bereits den 9. november. – ich wollte mich nicht entscheiden und als der zug in marseille hielt, blieb ich einfach sitzen. mal sehen, wo er nun hinführe.
als nächstes hielten wir in les-st.-maries-de-la-mer. der name gefiel mir. ich stieg aus und verstaute mein gepäck. runter zum strand. das meer, endlich.
les-st.-maries-de-la-mer war malerisch wie chioggia in italien, das wetter herrlich und ich verbrachte einen wunderbar faulen tag am strand.
abends aß ich muscheln in einem kleinen restaurant und trank weißen bordeaux und beschloss, nach dem essen den nachtzug nach perpignan zu nehmen. in perpignan wartete jemand auf mich.
ich ließ mich in die sessel des leeren abteils fallen und schlief hervorragend; *so hervorragend*, dass ich erst in figueres – *in spanien* – wieder wach wurde.
ich stieg aus und wechselte das gleis. der nächste zug zurück ging erst in drei stunden. ich verbrachte die zeit auf dem bahnsteig.
es war immer noch nacht.

port-le-barcares, 10. nov

in den frühen morgenstunden erreichte ich perpignan.
das wetter war erneut herrlich und ich hatte lust auf strand.
ich erkundigte mich, wie man am besten dorthin käme, aber der herr, den ich fragte, antwortete mir nur:
»oh, j'ai pas, je suis desolé aussi ...«
beim nächsten erfuhr ich, dass der strand mindestens 10 kilometer entfernt war und so irrte ich ziellos in perpignan umher, ohne etwas nennenswertes auszumachen und ohne zu wissen, was ich eigentlich hier wollte.
schließlich kehrte ich zum bahnhof zurück. ich erkundigte mich nach einem zug nach port-le-barcares, aber dorthin ging kein zug. ich musste busfahren.
bald fand ich den richtigen bus, und wir zockelten über die städtchen am meer entlang, bis wir endlich port-le-barcares erreichten. das dorf war unübersichtlich bebaut, hausnummern fehlten oftmals und so verbrachte ich eine geschlagene stunde mit suchen, bis ich das haus dann unten am meer fand.
ich klopfte an die türe des wohnzimmers zum strand hin, eine andere türe gab es offenbar nicht.
ein mann öffnete.
»bon soir. je suis noodles de l'allemagne, un ami de karine. elle est là?«
»non, elle est pas là, elle est travailler ... – a marseille.«
»ups, et quand elle revient?«
»à deux où trois jours, je pense.«
ich war ratlos, karine war also arbeiten in marseille.
der onkel karines bat mich ins wohnzimmer. da saßen noch seine frau, karines tante und eine gemeinsame freundin. die tante lud mich ein zu bleiben und noch mit ihnen zu essen. ich nahm dankend an.
karine würde erst in zwei oder drei tagen wiederkommen. ich wusste nicht, was ich tun sollte. nach einer weile bot mir die

gemeinsame freundin der verwandten an, dass ich, wenn ich auf karine warten wolle, bei ihr schlafen könne.
ich begrüßte diese freundliche einladung. wir aßen zusammen zu abend und sahen danach gemeinsam fern. draußen wurde es dunkel auf dem meer und irgendwann sagte die blonde, dass sie mir nun die wohnung zeigen wolle. ich nahm an und wir gingen hinaus in die nacht.
irgendwie hatte ich den eindruck, dass die blonde geil auf mich war.
marie führte mich um ein paar häuserecken hin zu ihrer wohnung. es war ein kleines 1-zimmer-appartement, mit bett in der mitte, kleiner kochzeile, bad.
kaum hatten wir die wohnung betreten, fiel marie auch schon über mich her, und da ich keine einwände hatte, fickten wir gute zwanzig minuten auf ihrem bett.
»fais-vite«, sagte sie, »il me faut de revenir.«
ich ritt schneller und kam schließlich in ihr. welch ein schönes gefühl, das heiße zeugs nach draußen zu schleudern, mitten in ein solch geschmeidiges geschlecht.
marie wischte sich den schritt mit einem handtuch, zog sich wieder an und verschwand.
»à demain«, sagte sie und gab mir ein küsschen.
»à demain«, grinste auch ich. quelle gentille surprise.
ich verbrachte die tage mit spaziergängen, zeichnen und fotografieren. und die abende mit dem vögeln von marie. es waren wundervolle tage. billiges essen und billiger rotwein und herrlich dekadenter sex.
port-le-barcares hatte einen schönen platz in der mitte des dorfes, halbrund angelegt und zum meer hin geöffnet. wenn das wetter mitspielte, konnte man dort wunderbar sitzen und zeichnen.
wiederum machte ich überall fotos mit dem feuerzeug darauf und bezog auch die personen mit ins geschehen ein, die ich kennengelernt hatte, karines verwandte und marie.

marie beim kaffeetrinken, marie beim ficken, marie beim duschen. karine, auf die ich ja wartete, war eine alte freundin mit einer tragischen geschichte. ich lernte sie im winter 89 oder 90 kennen und war damals wohl erst der zweite mann in ihrem leben. wir liebten uns in ihrer eiskalten wohnung, aber bald schon trat chouchou in mein leben und da karine damals mehr und mehr klammerte, entschied ich mich für chouchou. bald darauf starb karines mutter ohne jedes vorzeichen. magenkrebs, fortgeschrittenes stadium. die ganze familie zerfiel darauf systematisch in einzelteile und karine, die den schmerz des verlustes einfach nicht ertragen konnte, kam dann auf heroin. als ich sie das letzte mal sah, sah sie fertig aus, abgejunkt. ein drama.

sie ging zurück nach frankreich und lebte bei irgendwelchen cousins, onkels und tanten. jedes halbe jahr bekam ich von woanders her post von ihr. und in ihrer letzten karte schrieb sie:

»mein schatzi, komm mich besuchen. ich liebe dich, karine«, *adresse.*

ich hatte sie jetzt über zwei jahre nicht gesehen und ich war gespannt in welcher verfassung ich sie vorfinden würde. die karte klang ja ganz hoffnungsvoll.

so wartete ich schließlich auf ihre rückkehr aus marseille. als sie jedoch am vierten tag immer noch nicht zurück war, beschloss ich, wieder aufzubrechen. ich wollte meinen comic weiter fotografieren und nicht die ganze zeit hier verbringen in diesem nest.

ich packte und ging noch auf einen kaffee rüber zu jacques, isabelle und marie. gerade als ich mich verabschiedet hatte und zur tür hinaus wollte, kam ein klappriger alter lieferwagen herangerauscht. und aus ihm stiegen karine und ein bekannter von ihr.

sie stürmte herein in die wohnung und nahm so eben mal notiz von mir, begrüßte mich, als sei ich ein nachbar und fing an herumzukrakelen.

mehr noch, sie bekam einen regelrechten tobsuchtsanfall.
karine rannte von einem teil des wohnzimmers in den anderen und schrie: »scheiß-arbeit! scheiß-kohle! scheiß-wohnung!«
sie hatte einen krummen rücken bekommen, fiel mir auf, und sie veranstaltete eine schier unerträgliche show.
offenbar war sie auf entzug, ich konnte mir *dieses* szenario zumindest nicht anders erklären.
da es ihr auch offenbar wurscht war, ob ich da war oder nicht, verabschiedete ich mich und ging einfach hinaus.
»à bientôt, salut, mach's gut.« ende. raus.
das wollte ich mir nun wirklich nicht antun.
ich ärgerte mich, vertane zeit hier in barcares.
wenigstens hatte ich gevögelt und ein paar fotos.
und karine ein letztes mal gesehen.
ich nahm den nächsten bus nach perpignan, ging zum bahnhof und erkundigte mich nach einem zug nach barcelona.
mal sehen, wie spanien mir so gefallen würde.
ich bestieg den zug und dachte noch einmal über karine nach.
völlig durchgeknallt. scheiß heroin.

barcelona, 14. nov

barcelonas bahnhof war einfach wunderschön, jugendstil-architektur gepaart mit einem anmutigen glasdach. klassische musik empfing mich auf dem bahnsteig.
»pension?«, fragte mich ein älterer herr vor dem bahnhof. ich bejahte. mal schauen.
er führte mich drei straßen weiter zu einer kleinen herberge in einer ruhigen seitengasse. es kostete nicht die welt und so buchte ich zwei nächte. das zimmer war schön gemütlich, und ich legte mich erst einmal lang. das bett war riesig und das schönste daran war die nackenrolle, perfekt hart. »das beste kopfkissen seit antritt der reise«, dachte ich mir. Schon bald war ich eingeschlafen.
am darauffolgenden morgen schlenderte ich einfach drauflos. irgendwann kam ich an eine bar und frühstückte ein bocadillo con poco di porco. dazu einen café con leche. ich konnte kein spanisch, nur ein paar brocken italienisch, aber die halfen mir dennoch ein wenig bei der orientierung hier.
barcelona war konzipiert wie new york, alle straßen im strikten 90°-winkel. auf den postkarten mit luftaufnahmen sah man dies besonders gut. straßen wie ein gitter durch die gesamte altstadt.
ich verirrte mich in winzigen gässchen, wäsche hing über mir von fenster zu fenster gespannt. ich passierte kleine cafés und lebensmittelläden, einen winzigen markt mit fisch, auberginen, zucchinis und tomaten; bettler und straßenmusikanten. wie ein gemaltes ambiente.
auf einem kleinen platz inmitten der häuserschluchten genehmigte ich mir einen weiteren kaffee. man konnte ihn im freien trinken, es war wirklich angenehm warm für mitte november. ich überlegte, was ich am nachmittag tun solle. ich hatte lust auf kultur. antonio gaudi oder pablo picasso? beide hatten hier großes hinterlassen. spaniens stararchitekt und der maler des

20. jahrhunderts. ich entschied mich für picasso und hatte wahrhaftig glück. zu der laufenden ausstellung im museum kam eine temporäre mit hinzu, und so konnte ich eine stunde abtauchen in die welten des wunderkindes pablo ruiz. der bildbestand war einzigartig, das museum beinahe schöner als das in vieille antibes. hier fühlte ich mich zuhause.
beglückt ging ich zurück in die pension und schlief ein weilchen. am abend streunte ich ohne plan durch die gassen des angrenzenden viertels, landete auf einem kleinen platz, auf dem sich viele menschen versammelt hatten. eine frau stand mitten unter ihnen und sang spanische volkslieder. sie war wunderhübsch und hatte ein langes rotes kleid an, das ihre üppigen formen noch mehr zur geltung brachte. sie sang und tanzte anmutig und spielte dazu castañetten. begleitet wurde sie von einem gitarrenspieler im hintergrund. die musik war mal melancholisch, mal explosiv-leidenschaftlich und immer hocherotisch. das geschehen wurde beleuchtet von dem spärlichen, warmen schein einer gaslaterne, sodass eine wundervolle stimmung entstand. obwohl sich so viele leute um die sängerin geschart hatten war es mucksmäuschenstill in der menge; alle starrten gebannt auf diesen weiblichen magneten da vor uns. einfach zauberhaft. nachdem die vorstellung zu ende war, landete ich in einer kleinen bar, wo ich mir einen vodka-lemon genehmigte. ich zahlte gerade mal vier dm für einen mindestens dreifachen klaren mit bitterer zitronenlimo. und so saß ich da und lauschte den stimmen, die mich ein wenig an den latein-unterricht von früher erinnerten. (und genauso viel verstand ich dann auch.)
schön: ich war hier, hier in españa, hier in barcelona.

unterwegs, 16. nov

tags darauf, gegen abend, setzte ich mich in den zug und fuhr weiter richtung süden. mein geld war hier einfach zu wenig wert, und obwohl spanien günstiger als frankreich war, zahlte ich unmengen für essen und schlafen. algeziras war mein ziel, von dort aus wollte ich übersetzen, nach marokko.
in meinem abteil saßen zwei marokkaner, einer um die 60 und ein jüngerer so etwa 35. mit dem jungen kam ich beim zigarretterauchen auf dem gang ins gespräch.
»du siehst aus wie john lennon«, meinte er und ich lachte.
er arbeitete in mailand und wollte ebenfalls nach marokko. als ich ihm erzählte, dass ich auch dorthin wolle, lud er mich ein, die reise gemeinsam zu machen. casablanca war sein ziel, und er fragte mich, ob ich mit ihm dorthinkommen wolle.
einen führer zu haben dort drüben auf dem arabischen kontinent war bestimmt eine gute sache und ich nahm die einladung dankend an.
»casablanca, lustig«, dachte ich, »das kenne ich bislang nur aus diesem film, den jeder kennt.« würde bestimmt aufregend werden, die reise dorthin.
mein verstaubtes schul-französisch war brauchbarer als ich dachte und so war ich froh, eine unterhaltung auf kleinem niveau führen zu können.
später des nachts schliefen wir zu dritt in dem abteil, der alte, michel und ich. einer von uns hielt immer wache, passte auf unsere sachen auf. ich war also einer von ihnen, wenngleich ich kein araber war, aber ich war integriert in ihr kleines, feines system. ich konnte mich in sicherheit wiegen.
da ich nicht so recht schlafen konnte, ging ich in die zugbar und trank zwei bobadillas, den billigsten brandy, den es hier gab. der zug schlich klopfend dahin, die neonbeleuchtung tauchte das abteil in ein leicht grünliches licht und da ich der

einzige in der bar war, rauchte und trank ich alleine und träumte vor mich hin.
was wohl chouchou gerade machte? schlafen oder vögeln? und wenn, mit wem *heute*? – ein grässliches thema.
wir erreichten algezirez in den frühen morgenstunden und warteten, auf unserem gepäck sitzend, auf die erste fähre.
es wurden mehr und mehr marokkaner um uns herum, und als ich die fähre betrat, war ich völlig umgeben von arabern.
ich war nun der einzige weiße hier auf dem schiff.
die sprache um ich herum änderte sich, und hatte ich zu dem spanischen wenigstens noch phonetischen zugang, so verschloss sich diese für mich völlig.

tanger, 17. nov

und dann war es soweit: mit hunderten von arabern betrat ich nun die fremde welt: tanger, marokko, *afrika*.
meine zwei begleiter suchten versiert ein brauchbares hotel, und wir bezogen ein zimmer zu dritt. der alte legte sich demütig auf die pritsche, offenbar entsprach dies seinem stand, während michel und ich ein richtiges bett bezogen.
abends spazierten wir durch tanger und kehrten schließlich ein. michel erklärte mir beim essen, dass man auf der straße mit niemandem reden dürfe, da man ihn sonst nicht wieder losbekäme.
ich lauschte und sah mich überall um. alles war fremd hier, die menschen teilweise in tücher gehüllt statt in hosen und hemden, die lampen aus buntem glas und mit klirrenden gehängseln ausgestattet, teppiche und überall kacheln, im hotel, in den kneipen und hier im restaurant, auf den böden und an den wänden. alle mit bunten arabesken verziert. welch fremde welt.
gegen 23 uhr gingen wir schlafen. ich wurde plötzlich wach, weil ich eine stimme vernahm. ich rieb mir die augen und sah den alten auf dem boden auf seinem rollteppich knien. er sprach offenbar sein morgengebet. es war wahrscheinlich gerade mal fünf. ich versuchte, trotz des gebrabbels, weiterzuschlafen.
als ich aufwachte, musste ich auf toilette und ging hinaus auf den gang. es gab nur eine toilette auf dem ganzen verwinkelten flur, und als ich dort ankam, fand ich eine jener vorrichtungen, wie es sie auch in griechenland oder der türkei gab. ein stehklo.
nicht, dass mich das geschockt hätte, aber als ich sah, dass es kein klopapier gab, sondern lediglich einen blechkübel mit wasser darin, bekam ich brechreiz. man konnte sich hier doch nicht den arsch mit bloßen händen abwischen?!
ich fluchte, lief zurück zum zimmer und suchte nach tempotaschentüchern.

später, als ich michel empört erzählte, dass es hier kein klopapier gab, erklärte er mir, dass dies in arabien eben so sei. deswegen gab man sich hier auch immer nur die rechte hand zum gruß, da die linke die unreine sei.
wir gingen zu dritt frühstücken in einem café um die ecke. ich betrachtete all die menschen um mich herum mit neuen augen, all die linken hände, an denen die scheiße klebte. ich schauderte.
nach dem kaffee zeigte mir michel das badehaus. eine dusche gab es nicht im hotel; wenn man duschen wollte, musste man dies hier tun. michel und der alte wollten noch besorgungen für ihre familien machen, und so ging ich alleine hinüber zum badehaus. eine dusche würde mir guttun. die letzte war immerhin in barcelona. ich betrat das badehaus, bezahlte umgerechnet 20 pfennige und wurde mit einem handtuch und einem päckchen flüssigseife ausgestattet. hinauf in die umkleide, wo ein weißgekleideter araber stand und offenbar auf die sachen aufpasste. ich sah mich um und bewunderte die immer wieder neuen bunten kacheln mit diesen strangen mustern und ging in aller ruhe duschen.
nach der reinigung lief ich wieder auf die straße und sah mich dort um. in den geschäften gab es tücher und teppiche und lampen und allerlei gemüse und nüsse. nichts, was ich wirklich gebrauchen konnte. alles, was ich suchte, war ein großer pack tempos. ich fand ihn zwei ecken weiter.
dann entdeckte ich einen barbier, betrachtete mich im spiegel und beschloss, mir einen haarschnitt verpassen zu lassen. ein wenig den gegebenheiten hier anpassen, um nicht allzu sehr aufzufallen mit meiner john-lennon-frisur.
der barbier schnitt mir die haare ziemlich kurz, rasierte mir den nacken aus und kürzte meinen 5-tage-bart mit einem messer. ein wenig davon ließ er unterhalb der lippe stehen und sagte dann zu mir: »mustash!«

nun hatte ich also ein wenig arabia an mir, eine marokkanische frisur und einen marokkanischen bart, einen *mustash.*
ich schlenderte umher und machte fotos für meinen comic. tanger wirkte ärmlich. die häuser waren allesamt von alter überzogen, alles wirkte verschlissen und grau. ich ging an den strand und relaxte ein wenig in der sonne. bald würde ich michel und den alten im hotel wiedertreffen und wir würden den abend zusammen verbringen.
»morgen fahren wir nach casablanca«, klärte michel mich auf, und ich war überaus neugierig auf die legendäre bogart-bergmann-stadt.
am nächsten morgen verabschiedeten wir uns am bahnhof von dem alten, der in eine andere richtung weiter musste und stiegen in einen überfüllten zug. dicht gedrängt zwischen gepäck, tieren und menschen fuhren wir dahin, es roch nach schweiß und hühnerscheiße. der zug war ebenso laut wie langsam und irgendwo in der wüste mussten wir umsteigen und warteten auf dem bahngleis ganze zwei stunden auf den anschlusszug. einen bahnhof gab es dort nicht, ebensowenig einen bahnsteig, es gab eigentlich gar nichts dort – außer wartenden arabern in tüchern – und so standen wir all die zeit auf dem schotter der bahngleise. es war so um den mittag herum und es wurde zu ersten mal in diesem urlaub so richtig heiß. ich machte fotos von der ansammlung von menschen, die mitten in der kargen wüste standen und auf diesen zug warteten. endlich kam er und wir stiegen zu. so dauerte die fahrt nahezu den ganzen tag. als wir casablanca endlich erschöpft erreichten, war es bereits stockdunkel.

casablanca, 19. nov

michel stob davon und suchte verzweifelt ein quartier für mich. die sterne funkelten zu abertausenden über uns. schließlich fanden wir ein hotel ganz in der nähe des bahnhofs und ich checkte ein. das haus war im kolonialstil gebaut, alles war weitläufig und hoch, palmen standen im foyer. mein zimmer entpuppte sich als ebenso üppig wie weitläufig, hatte richtig hohe wände mit stuck überall und in der mitte des raumes schwebte ein ventilator.
»casablanca wie im film«, grinste ich, »entzückend.«
mein bad war großzügig und blitzsauber und mit schönen blauweißen kacheln gefließt, und so nahm ich erst einmal eine große, heiße badewanne.
ich hatte ein fenster zum innenhof. im haus gegenüber stand ein wirklich hübsches junges mädchen und sah zu mir herüber. wir flirteten miteinander in lächelnden gesten, bis plötzlich ihr oheim kam und sie wegzog.
demonstrativ verhängte er das fenster.
»typisch patriarchat«, dachte ich mir.
hier würde ich mich auf kein abenteuer einlassen, ich hatte keine lust auf blutrache mit abgeschnittenem schwanz und dergleichen. schade eigentlich, die mädchen hier waren wirklich ausgesprochen schön.
das hotel war offenbar erster klasse und kostete satte 40 dm pro nacht. es war klar, dass ich hier wieder heraus musste, schließlich gab es auch hotels für 5 bis 10 mark die nacht und ich wollte hier ja devisenurlaub machen.
aber diese eine nacht im 2-mal-2-meter-bett ließ ich mir schmecken.
am nächsten morgen brachte mich michel zu einem kleineren und sehr schäbigen hotel, das aber nur 4 dm die nacht kostete. ein schmuddeliges zimmer mit abgewetzten tapeten und durchgelegener matratze, ein waschbecken, ein fenster.

das wars. klo auf dem flur, wie gehabt. aber diesmal ein sauberes westklo mit echtem toilettenpapier.
ich checkte ein, verstaute mein gepäck und ging mit michel auf der straße spazieren.
casablanca war vor allem eins: weiß. alle häuser schienen frisch gekalkt und reflektierten große mengen des ohnedies üppigen sonnenlichts. eine leuchtende stadt.
wir tranken kaffee und durchstöberten geschäfte und straßen, dann verabschiedete sich michel bis zum abend. ich ging alleine weiterspazieren und kam mir hier vor wie ein alien, der einzige weiße zwischen all den dunkelgegerbten gesichtern, die hinter tüchern hervorstierten.
michel hatte erzählt, dass er in ein paar tagen nach marrakesch weiterfahren würde, und mich eingeladen, mitzukommen. casablanca sei die weiße stadt, sagte er, und marrakesch die rote. alle häuser dort seien aus rotem stein gebaut und es wäre herrlich, dort zu flanieren und zu entspannen. es gäbe viele straßencafés und jugendkneipen und eine große künstlerszene. das hatte mein interesse geweckt.
ich ging bierchen trinken bis mein begleiter wiederkommen würde, immerhin gab es hier echtes becks.
abends ging ich mit michel durch die nun buntbeleuchteten arabischen gässchen. wir aßen delikaten fisch in einer marktkneipe, und michel zeigte mir straßen, plätze und sehenswürdigkeiten in casablanca.
der orient hatte etwas mystisches. all die bunten glaslampen, verwinkelten gässchen und bazare, die bis tief in die nacht geöffnet hatten.
beinahe magisch.
als wir auf dem rückweg zum hotel waren, kam eine alte auf uns zugerannt. ihr blick war durchdringend, beinahe panisch, sie wirkte leicht verrückt und wir traten zur seite, da sie mitten auf uns zustürmte. wenig hinter uns brach sie auf

der straße zusammen und blieb liegen. sie wirkte extrem geschwächt, ihr körper war spindeldürr, besonders die arme, und man sah die knochen unter der fleischlosen haut hervortreten.
ein offensichtlich schwules knabentrio kam hand in hand vorbeispaziert. sie zeigten auf die kollabierte alte und riefen spöttisch lachend:
»sida! sida!«, und liefen weiter.
»sida! sida!« ich wusste, dies hieß: »aids! aids!«
ich stockte und betrachtete die alte erneut. sie rappelte sich mühevoll wieder auf und irrte weiter durch die gassen.
»viele menschen hier haben aids«, erklärte mir michel in ruhigem, besinnlichem ton. »es ist ein drama. wenn du genau schaust, siehst du es ihnen an. der körper ist so schwach und zerbrechlich.«
und tatsächlich, wenn man sich umsah, gab es viele frauen hier, die völlig abgemagert wirkten. dürr, schütteres haar und hervorgetretene wangenknochen; als zerfielen sie.
offenbar alles bordsteinschwalben, nutten.
ein schaudern überkam mich. so hautnah hatte ich aids noch nicht erlebt. die frauen da schienen sich förmlich aufzulösen, kaum mehr fleisch auf den knochen zu haben. welch ein siechtum das sein musste, so einfach im eigenen körper *zu verschwinden*. welch ein qualvoller tod. entsetzlich.
ich ging auf mein zimmer, dachte an die aidskranken und konnte nicht schlafen; ging zurück auf die straße, die nutten noch einmal anschauen. da waren sie, überall, boten ihren verseuchten körper an und starben langsam vor sich hin. scary scenery.
ich ging in die nächste pinte und trank bier. die musik war orientalisch und fremd, wie alles hier orientalisch und fremd war. das bier dämpfte mich schließlich angenehm. welch seltsame welt hatte ich da betreten.
zurück ins hotel und schlafen. ich träumte von der alten, wie sie mit ihrem schreiendem blick auf mich zukam und mich

die ganze nacht verfolgte. ich war froh, als ich erwachte und den albtraum wieder abzuschütteln vermochte. ich wischte mir den schweiß mit dem handtuch ab.
nach dem aufstehen trank ich kaffee und aß einen überbackenen toast und lief dann durch die straßen und gassen, fotografierend und beobachtend. alle araber schienen einen krummen buckel und einen geknickten hals zu haben. sie wirkten ruhelos, bewegten sich hypermotorisch und unkoordiniert, so als triebe etwas unsichtbares in ihrem rücken sie schmerzhaft an. die sprache war hart, eindringlich und fordernd, beinahe beschwörend, zerschnitt jedwede stille wie ein rotierender rundsäbel. und diese augen so feurig, blitzend wie laserlampen. strange people, strange continent. richtig wohl und geborgen fühlte ich mich hier jedenfalls nicht.
gegen mittag fand ich mich in einer zwielichtigen spelunke wieder, in der ich mir ein bier bestellte. die tische gegenüber schienen mit allerlei lichtscheuem volk besetzt, doch insgesamt wirkte die kneipe leer. angenehm leer im vergleich zu dem immerfort währenden gewühle draußen auf den straßen. erholsam. ich verschnaufte.
eine frau um die 30 setzte sich unaufgefordert zu mir. sie war recht attraktiv, doch ihr schritt war auffallend unsicher. sie bat mich, ihr ein bier auszugeben, was ich auch tat, und begann zu erzählen.
sie wirkte gebrechlich und leicht unkoordiniert und ich verstand nicht alles, was sie von sich gab.
das schicksal habe sie heimgesucht, erzählte sie, und: sie glaube an engel.
sie grinste mich an: »engel sind wunderschön«, meinte sie.
wieder eine unkoordienierte bewegung hin zur bierflasche, sie trank einen schluck und ließ den kopf hängen.
»und bald schon werde auch ich ein engel sein ...«
tränen kullerten über ihre wangen.

»wieder eine bordsteinschwalbe, die aids hat und sich aufs sterben vorbereitet«, dachte ich und vermied es instinktiv, sie anzufassen und zu trösten.
ich war umgeben von aids, jener horrorkrankheit, die ich bislang nur aus schrecklichen bildern in den medien kannte. hier war es real. real und überall. diese stadt starb; zumindest dort, wo ich mich bewegte. ich bekam gänsehaut, zahlte und ging.
und wieder: überall standen sie, eingehüllt in weite tücher, bettelten oder boten sich an mit eindeutigen lippenbewegungen. standen da und starben. leben war das nicht mehr.
nach dem abendspaziergang mit michel ging ich noch einmal weg auf die straße, ich konnte einfach nicht so früh schlafen in dieser pulsierenden polis. hinunter richtung meer. irgendwo fand ich eine bar und stieg die kellertreppe hinab. auf den barhockern saßen viele frauen, alle leichtbekleidet und strahlten mich an. ein puff, ich war in einem puff gelandet. der wirt sprach englisch mit mir und bot mir sofort an, zu bleiben. eine flasche whiskey koste 30 dm und dafür könne ich mit den mädels machen, was ich wolle, erklärte er mir. die saßen auf ihren barhockern und sahen mich geradezu verführerisch an. die mädchen waren allesamt bildhübsch und bezaubernd orientalisch. alle waren leichtbekleidet und eine ließ mich sogar auf ihre blankrasierte spalte blicken ... ich geriet ins schwanken.
doch die erinnerung an das, was ich auf der straße gesehen hatte, ließ mich abschrecken. die vögelten bestimmt alle prinzipiell *ohne* gummi und *das* würde ich hier *bestimmt nicht* machen.
ich bedankte mich und ging.
dachte an die mädchen.
an die rasierte spalte.
so einladend.
so infiziert.
krankes afrika.

zwei typen quatschten mich plötzlich in einer gasse an. ein schmächtiger, so um die 30 und ein kräftigerer von etwa 20 jahren. der schmächtige trug ein unauffälliges sakko und stellte sich mit paul vor. er studiere journalismus in paris an der sorbonne und sei zu einem verwandtenbesuch hier in marokko. der junge war sein cousin. paul fragte unverblümt, ob ich haschisch kaufen wolle – und, warum nicht, dachte ich, zeigte mich interessiert. ein wenig shit würde mir guttun.
»ein wenig« stellte sich jedoch als 500 gramm heraus; dies wäre die mindestmenge, sagte paul, und ich stockte.
ein halbes kilo hasch, was um alles in der welt wollte ich mit einem halben kilo hasch? ich erkundigte mich nach dem preis, und der war so verlockend, dass ich mir dachte, das, was ich nicht brauchen kann, werfe ich einfach weg und mache immer noch einen guten schnitt.
»echtes öl!«, sagte paul und verschwand mit meinen umgerechnet 50 dm. der andere blieb bei mir.
nach einer weile kam paul tatsächlich zurück und hatte ein päckchen dope unter dem sakko. er ließ mich fühlen. da in meinen händen befand sich ein pralles kissen in plastik eingeschweißten haschischöls, so viel, dass ich mich zehn jahre davon plattmachen hätte können. ich schmunzelte.
ich streifte über das kissen und paul bedeutete mir, ich solle an meinen händen riechen. ich erschrak. sie rochen *dermaßen* streng nach haschisch, dass ich sie instinktiv zurückzog und in die taschen steckte. wie schweres parfüm, das zu dick aufgesprüht war. vor dem hotel gab mir paul den stoff und ich verstaute ihn auf meinem zimmer.
die beiden wollten noch etwas trinken gehen mit mir. ich war dabei. die zwei hatten etwas von comicfiguren, irgendwie funny. wir landeten in einer kleinen kneipe ums eck, in der es frischgepressten orangensaft gab. wir saßen da und unterhielten uns und ich freute mich schon auf meinen ersten joint

nachher, als ein langer muskulöser typ die bar betrat und gleich auf uns zukam.
er sprach die beiden anderen auf marokkanisch an, tastete ihren körper ab und zog ihre hände an sich heran. er roch an pauls hand und wurde aufmerksam. nun nahm er auch meine hand und roch an ihr.
jetzt zückte der typ eine polizeimarke und sprach eindringlich auf paul ein. dann ließ er ihm zeit, für mich zu übersetzen.
»wir haben ärger mit der polizei!«, sagte paul mir mit gehetzter miene. »er will dein hotelzimmer durchsuchen; und wenn er was findet landest du im knast.«
kalter schweiß bildete sich auf meiner stirn.
»attends! j'assaye ...« paul wandte sich an den bullen und redete auf ihn ein.
nach einer weile drehte er sich wieder zu mir und sagte:
»für 50 d-mark lässt er dich laufen.«
ich bejahte sofort, wohlwissend, dass ich gar keine 50 dm mehr hatte, aber irgendetwas musste ich schließlich unternehmen.
ich eilte mit paul zum hotel. der kleine blieb als faustpfand zurück. die vorstellung von knast in marrokko machte mich schwindelig. hoffentlich hatte ich glück.
im hotel wühlte ich in meinen sachen und kam mit 50 dirim (marokkanische währung) wieder zum vorschein.
»*nicht* 50 *dirim!*« paul war entsetzt. »50 *d-mark!*«
»mais j'ais pas plus«, antwortete ich aufrichtig. mehr geld war einfach nicht da vor dem nächsten bankbesuch.
»50 dirim – c'est *merde*«, fluchte paul. »50 dirim – c'est *rien.*«
er gehe jetzt zurück zu dem bullen und gebe ihm das geld, aber er könne für nichts garantieren, sagte er zu mir.
er fluchte noch einmal, nahm die kohle und verschwand.
ich setzte mich hin. er könne für nichts garantieren, sagte er. das hieß, es war nicht klar, ob der bulle sich abwimmeln ließe

oder nicht. und wenn nicht? davon hat man ja schon so oft gehört, von einbuchtungen wegen drogenbesitzes im arabischen raum. und keine botschaft der welt holte einen da wieder raus. *gefängnis*! in *marokko*. ich musste sofort an *midnight express* denken, als ein amerikaner wegen drogenbesitzes in der türkei für 20 jahre in den knast ging und dort, in siff, folter und elend, allmählich dem rasenden wahnsinn verfiel. um mich herum drehte sich alles.
ich musste das haschisch loswerden, und zwar sofort. jede minute könnte der bulle vor der türe stehen.
ich schnappte mir das stinkende kissen, das uns verraten hatte und rannte den flur entlang zum klo. wenn sie den dope hier finden würden, würden sie mir den besitz nicht wirklich nachweisen können. so zumindest dachte ich. ich schloss mich ein und sah mich um. ganz oben an der wand war ein winziges fenster. ich stieg auf den toilettendeckel um dorthinzugelangen. ich fühlte nach draußen auf den sims. etwas hartes lag da. ich holte es zum vorschein. ein roter dachziegel, wie praktisch. darunter konnte ich das hasch verstauen, ohne dass man es vom haus gegenüber sehen konnte – ich legte das kissen auf den sims, platzierte den ziegel darauf und ging zurück in mein zimmer. dort wusch ich mir panisch meine hände, schrubbte und deodorierte sie, ohne den geruch auch nur annähernd zu überdecken. ich war nach wie vor gelähmt vor schreck und wartete alarmiert auf das klopfen an der türe. midnight express!
aber *nichts* geschah.
ich rannte ruhelos im zimmer auf und ab. drei, vier bier wären jetzt wohl das richtige gewesen, doch ich würde heute nacht auf keinen fall mehr auf die straße gehen. meine freiheit stand auf dem spiel.
ich schlief sehr schlecht in dieser nacht, eigentlich gar nicht. schweißgebadet erwachte ich in aller frühe von dem lärm auf dem gang. zwei frauen stritten lauthals miteinander.

»was ist denn da nun schon wieder los?«, dachte ich und fuhr hoch. »hoffentlich hat das nichts mit mir zu tun.«
ich eilte auf den flur, um nachzusehen, was denn los sei. zwei putzfrauen standen da und stritten aufgeregt. sie musterten mich aufmerksam. ich drückte mich an ihnen vorbei auf die toilette.
was war das? ich stockte. überall auf der toilette war scheiße an die wand geschmiert. ich roch daran: tatsächlich: scheiße: shit. dope. haschischöl überall in der toilette und an den wänden. was war passiert?
meine nackenhaare stellten sich schon wieder, als ich auf den toilettenrand stieg; ich fühlte nach draußen unter den ziegel. aber ich fasste nicht auf die tüte, die ich dorthingelegt hatte letzte nacht, sondern in etwas warmes weiches. ich zog die hand sofort zurück. an meinen fingern klebte braune, ölige scheiße. dunkle häubchen aus haschischöl.
der ziegel musste das päckchen zum platzen gebracht haben. ich wurde paranoid. wischte meine hände mit toilettenpapier ab und spülte den braunen schmier das klo hinunter. schon wieder rochen meine hände nach hasch. ich ging zurück auf den gang. vorbei an den putzen. die beobachteten mich erneut und fixierten mich. ich spielte ahnungslos und flutschte zurück ins zimmer. ich war alarmiert.
hin zum fenster und der blick nach draußen. das gebäude machte einen knick, sodass ich direkt auf das toilettenfenster sehen konnte. mein herz blieb stehen als ich sah, was sich zugetragen hatte. das päckchen war tasächlich geplatzt und hatte sich, der schwerkraft folgend, vorwärts gearbeitet. dort floss die zähe pfütze an der hauswand entlang, ungefähr 20 cm breit und 2 meter lang. wie eine lange braune zunge auf dem frisch gekalkten weiß. ein halbes kilo hasch klebte dort am hotel und kroch die wand hinunter.
die nachbarn in haus gegenüber standen bereits am fenster und unterhielten sich angeregt über den obskuren fund.

mir wurde schwindlig.
ich musste hier draußen sein, bevor die polizei eintraf. in windeseile packte ich meine sachen. 7 uhr früh.
zwei minuten später stand ich an der rezeption, so cool ich konnte, zahlte und ging hinaus auf die straße.
raus, einfach nur raus und weg, dachte ich. doch da stand paul und fing mich ab.
»ich wollte dich nur warnen«, raunte er, »ich habe dich nicht verpfiffen bei den bullen, aber die suchen dich jetzt im ganzen viertel!«
er gab mir die hand, verabschiedete sich und verschwand.
»bonne chance ...«
»verdammte scheiße«, rief ich aus und sah mich um.
überall konnte ein zivilcop stehen und mich beobachten. man suchte nach mir! im ganzen viertel! und ich war der einzige weiße weit und breit ...
ins nächste hotel wäre dumm, dachte ich mir und so eilte ich zum bahnhof. raus aus dieser stadt, so schnell wie möglich. ich fühlte mich beobachtet, bei jedem schritt, bei jeder bewegung. ich war in gefahr. in großer sogar.
am bahnhof erfuhr ich, dass der nächste zug nach tanger erst um 8 uhr abends fuhr. ich fühlte mich elend. es gab keine kofferaufbewahrung im bahnhof und so ging ich samt gepäck wieder nach draußen.
ich musste jetzt den tag hier verbringen, hier, wo man nach mir suchte, und irgendwie überleben bis heute abend um acht. ich packte mein bündel und lief weg von meinem viertel hin in richtung meer, immer der straße lang. mein gepäck wog deftig und war nicht für lange spaziergänge geeignet, doch ich hatte keine wahl, ich musste mich verstecken, so lange, bis der zug kam.
jetzt verstand ich, was paranoia war. orientierungslos rannte ich durch die gegend, panisch und blind. zwei nutten quatschten mich an. ich könne sie ficken, gleich hier am strand, für

nur 20 mark. sie liefen neben mir. für einen moment war ich abgelenkt. die eine war wirklich hübsch. aber auch sie hatte diesen schwächlich wirkenden hals, wirkte einfach zu schmächtig, um gesund zu auszusehen. und ihr haar war schütter. 25 und haare wie eine alte frau.
ich lehnte dankend ab. sex: ja – aids: nein. nicht mit mir. die mädchen versuchten, mich mit allen mitteln zu überreden, doch erst als ich sagte, ich habe kein geld, drehten sie ab und wechselten die laufrichtung.
ich marschierte weiter. noch immer fühlte ich mich verfolgt. ich bremste ein taxi auf der straße und lies mich eine weile an der meerespromenade entlangkutschieren. irgendwo bat ich den fahrer, anzuhalten. ich zahlte, stieg aus. gegenüber entdeckte ich ein kleines strandcafé und setzte mich auf die terrasse, bestellte einen kaffee und einen aschenbecher.
hier würde ich meinen tag verbringen. übersichtliches gelände mit blick zur straße und mit vielen fluchtmöglickeiten und eine gute ecke von meinem viertel entfernt. erstmal durchatmen, ruhig werden.
jedoch, ich wurde nicht wirklich ruhig. argwöhnisch verfolgte ich jeden, der das restaurant neu betrat mit meinen blicken und erst als ich mir fünf bier hinter die binde gegossen hatte, kehrte allmählich so etwas wie gelassenheit zurück. welch ein film die letzten 12 stunden. wahnsinn.
der strand war riesengroß, mindestens 300 meter breit und überall, einfach überall tümmelten sich leute. gingen spazieren, spielten fuß- und volleyball oder ließen drachen steigen. *tausende* waren da in bewegung; wie auf einem gigantischen ameisenhaufen.
»man ist immer unter menschen hier«. murmelte ich und schauderte, »es gibt einfach keinen ort der ruhe, des rückzugs, nicht einmal am strand.«
richtig ruhig wurde ich erst am abend, als ich endlich im zug saß, die türen sich schlossen und wir uns in bewegung setzten.

raus aus casablanca. raus aus der gefahr. michel stand jetzt wahrscheinlich ratlos vor meinem hotel und fragte sich, warum um alles in der welt ich verschwunden war. es tat mir leid um den lieben kerl. aber meine sicherheit hatte jetzt priorität.
ich hatte bier mitgebracht und so langsam wurde ich entspannter.
ich würde ein paar tage in tanger am strand relaxen, bevor ich zurück nach spanien führe.
so war mein plan.

tanger, 23. nov

ich erreichte tanger am morgen, fand ein billiges hotel und schlief mich erst einmal gesund. war das knapp. das alles. ich wollte beileibe nicht wissen, wie ein marokkanischer knast von innen aussah und was unter den gefangenen so alles praktiziert wurde. und das bei all dem aids hier.
ich hatte den kopf gerade mal eben noch aus der schlinge gezogen.
ich schwitzte erneut.
gegen mittag verließ ich meine unterkunft. ich marschierte die straße an der mole entlang. ein sonnenbrillenverkäufer streckte mir seine schäbige ware entgegen. ich lehnte dankend ab.
»no, merci, j'ai pas besoin.«
aber der typ ließ sich nicht abwimmeln; er packte sein stahlgitterschaufenster mit sonnenbrillen und lief mir hinterher, schnurstracks, mir seinen plunder unter die nase haltend und mich mit lauten verkaufsgesprächen penetrierend.
ich lief schneller. der typ hielt schritt. ein weiterer marokkaner stand auf dem fußweg. als er mich sah, streckte er mir seine muschelhalsketten entgegen und funkelte mich mit blitzenden augen an. der sonnenbrillenverkäufer befand sich immer noch auf meinen fersen. offenbar vermutete der perlenverkäufer, dass ich viel geld habe, da mich ja schon ein anderer verfolgte. er begann seine sachen zu packen und ebenfalls die verfolgung aufzunehmen.
von zwei seiten wurde ich nun bedrängt, und egal wie schnell ich lief, die marokkaner blieben dicht bei mir.
als sich zu den beiden auch noch ein teppichverkäufer hinzugesellte, begann ich zu rennen. ich fühlte mich wie eine fette weihnachtsgans, die jeden moment geschlachtet werden soll, die häscher dicht auf den fersen.

vergebens. die typen rannten mit mir. klappernd und schep-
pernd hetzte die meute hinter mir her, rief und zupfte an
meiner kleidung. ich wurde erneut panisch von dieser art
bedrängung, die wirklich bedrohlich auf mich wirkte und
war heilfroh, als ich ein café erreichte, in das ich mich flüch-
ten konnte, und um das die drei tatsächlich plötzlich einen
großen bogen machten. offenbar hatte ich neutralen boden
erreicht. ich atmete tief durch und bestellte mir einen café
au lait.

ich war gerade dabei, mich halbwegs wieder zu sammeln, als
der mann am nebentisch zu mir herüberkam und sich
ungefragt zu mir setzte. er sprach mich in deutsch an.

»was brauchst du?«, fragte er. »cannabis? haschisch?«

ich war geschockt. der nächste.

ich verneinte und drehte mich weg. hier war man als tourist
offenbar nicht mehr als eine geldbörse, die herumlief und an
der sich alle bedienten.

»das kilo 50 d-mark«, fuhr der marokkaner fort. er ließ nicht
locker.

»ich brauche kein hasch!«, antwortete ich bestimmt, doch ich
war nervös. all diese fremdbestimmung hier, keiner ließ einen
in ruhe. wie ausgehungerte fliegen, die sich auf die warme
scheiße stürzten.

»du bist so nervös«, sagte der arab gelassen. »du brauchst bestimmt hasch.«

»ich brauche kein haschisch!«, schrie ich. »alles, was ich brauche, ist meine ruhe!«

der alte rührte in seinem tee, sah bedächtig in richtung meer,
wartete einen moment und fragte dann: »oder willst du *ko-
kain*?«

ich legte geld für den kaffee auf den tisch und ging. genug,
weg hier.

»rede mit niemandem hier!«, hatte michel gesagt. »du wirst
ihn nicht wieder los!« genauso war es.

so schnell ich konnte lief ich über die straße und hinüber in die dünen. ich schaffte es tatsächlich, dorthinzugelangen, ohne dass mir wieder ein verkäufer an der backe klebte, suchte mir ein windstilles eck am strand und zog mich aus, legte mich in die sonne. es war mollig warm.
keine menschenseele weit und breit. entspannen. durchatmen. die sonne genießen. sonst nichts.
nun, meine rekreation dauerte keine zehn minuten; ein weiterer arab kam durch die dünen spaziert, entdeckte mich und nahm sofort kurs auf mich. auch dieser setzte sich, ohne zu fragen, einfach neben mich.
»hello«, sagte er.
»grunz«, sagte ich.
»where do you come from?«
ich drehte mich weg.
»why you don't talk to me?«, grub er weiter.
ich ignorierte ihn.
zwei minuten später stand er auf, ging an mir vorüber und sagte: »see you!«
dann war er zwischen den dünen verschwunden.
ich seufzte und drehte mich wieder herum.
ich tastete nach meiner brille, doch; sie war verschwunden.
geklaut. soeben geklaut.
ich tobte und rannte in die dünen. sah in alle richtungen. der typ war weg; über alle berge.
mit meiner brille.
was um gottes willen wollte er nur mit einer brille?
hier hatte offenbar alles einen wert und wahrscheinlich würden sie einem sogar die verschissenen unterhosen klauen, wenn sie irgendwie könnten.
ich fluchte. und diese dreistigkeit: *»see you!«*
»verflixte kacke!«, rief ich in die brandung und setzte mich hin. was nun? ich sah nichts mehr. nur noch *schemen*. und das in diesem land ...

ich erkannte eine blaue figur, die offenbar auf mich zulief.
»ça va?«, fragte der typ. er trug jeanssachen und konnte 27 sein, oder 15, keine ahnung.
»*ça va*?«, schrie ich. »ça va *mal*!«
der typ blieb ruhig stehen.
»pourquoi?«, fragte er.
»on m'a volé mes lunettes!«, schrie ich. und: »scheiß afrika, scheiß marokkaner.«
der typ setzt sich zu mir. jetzt konnte ich ihn ein wenig erkennen. er durfte wohl so um die 20 sein, seine kleidung war abgewetzt und er hatte eine stofftasche in der hand.
»nicht alle marokkaner sind schlecht«, meinte er beschwichtigend.
»manche sind schlecht, aber es gibt auch viele gute.«
ich grunzte.
»ich weiß, wo geklaute brillen verkauft werden«, sagte er ruhig.
ich horchte auf.
»alle gestohlenen sachen landen auf dem markt«, fuhr er fort.
»wenn du willst, kann ich dich dorthin bringen.«
der knabe machte keine anstalten, mich zu bedrängen oder abzurippen. er wirkte eher wie michel.
ich zeigte mich interessiert, und wir gingen zur straße. kaum war man in begleitung auf der straße, wurde man von den trottoir-verkäufern in ruhe gelassen. wir nahmen so eine art gruppentaxi zum markt. fuhren zu fünft dorthin mit irgendwelchen leuten von der straße, und jeder bezahlte umgerechnet nicht mal 50 pfennige.
ich sah noch immer: nichts. dann waren wir da. ein riesiger markt mit hunderten von ständen, hühnern, teppichen, wasserpfeifen, der ganze plunder. zielstrebig führte mich der junge in eine seitenpassage, und da standen wir – vor dem brillenverkäufer.
ich beugte mich über die brillen, um sie besser sehen zu können. da lagen dutzende von optischen brillen, moderne mo-

delle in gutem zustand, offenbar alles irgendwelche touristen-nepps.
meine war natürlich nicht dabei.
»merde«, sagte ich.
»wie sah die brille aus?«, fragte mich der junge. ich beschrieb sie ihm.
»attends un moment«, sagte er, »je reviens tout-de-suîte.«
ich wartete und probierte währenddessen die anderen touristenbrillen. keine passte.
der junge kehrte zurück.
»ich habe deine brille gefunden«, rief er freudestrahlend. »sie kam erst vor zehn minuten hierher.«
»prima! *wo*?«, fragte ich.
»aber der verkäufer hat angst, dass du zur polizei gehst. er will nicht, dass du ihn siehst.«
»und was machen wir nun?«, fragte ich.
»du gibst mir 20 d-mark und ich hole die brille«, sagte er. zum beweis seiner aufrichtigkeit drückte er mir seine tasche in die hand.
fair-play. ich überreichte ihm das geld, stellte mich hin und wartete.
und wartete und wartete.
nach fünf minuten erwartete ich seine rückkehr, nach zehn minuten war er immer noch nicht da. ich wurde nervös. ich hatte noch immer diese tasche in der hand. ich öffnete sie und schaute hinein. da lag eine verwaschene unterhose und ein paar acrylsocken und ein rostiger alter schraubenzieher. hiesiger wert: 50 pfennige.
ich war schon wieder gerippt worden. meine halsschlagader pochte.
meine ohren gingen plötzlich auf. um mich herum gerede und marktgeschrei. ich fühlte mich nicht mehr sicher in meiner glocke, sondern wie ein nacktes kind im raubtierkäfig. verstoßen. und in permanenter gefahr.

ich drängte mich zurück zum ausgang und nahm mir ein taxi in die stadt.
ich nannte den namen meines hotels und wir fuhren los.
»allemand? français? italien?«, fragte der taxifahrer. der nächste, der mich vollquasselte.
»i'm afraid, no. i am *british*!«, schleuderte ich ihm entgegen. ich saß steif im taxi, geschwollene brust, unnahbarkeit signalisierend. ich würde ab jetzt kein einziges wort französisch mehr sprechen. das alleine signalisierte kommunikationsbereitschaft hier.
»oh! british! british!«, wiederholte der fahrer mit akzent ehrfürchtig und verbeugte sich dreimal. während der ganzen fahrt wurde kein einziges wort mehr gesprochen. sehr gut.
vielleicht konnte ich sie mir mit englisch ein wenig vom hals halten.
als wir nahe dem hotel waren und ich mich wieder auskannte, sagte ich ihm, er solle mich zu einem brillengeschäft fahren; was er auch prompt tat. und *ohne* zu reden.
ein wenig mehr abstand zu den menschen hier, zu denen, die keine intimsphäre zu kennen schienen, tat schon gut.
auch die brillenverkäuferin sprach nur sehr gebrochen englisch und hielt irgendwie distanz. ich hatte unverschämtes glück. der brillenladen hatte ein annehmbares gestell und zwei brillengläser mit passender dioptrienzahl vorrätig, und nach einer weiteren stunde blindheit und wartens hatte ich meine sehschärfe tatsächlich wieder.
ich zahlte dreißig mark. guter preis.
sofort lief ich zum hafen, wo ich mich nach der ersten fähre morgen früh erkundigte. 10 uhr. gut.
jetzt ging ich ins badehaus und danach essen. couscous mit lamm und tomaten. ich verzichtete dankend auf irgendwelche weiteren nachtaktivitäten.
ich saß im hotelzimmer, rauchte und starrte auf das muster dieser marokkanischen kacheln, die einen hier überall umgaben.
was für eine scheiße, das alles hier.

algezirez, 24. nov

ohne weiteren zwischenfall erreichte ich algezirez gegen mittag des folgenden tages.
»wie hat ihnen denn marokko gefallen?«, fragte mich der zollbeamte.
»nie-mehr-wieder!«, antwortete ich mit aller entschiedenheit.
er lachte.
da war ich also, algezirez, spanien, europa! und um mich herum: europäer. nichts tat so gut, wie sich wieder zuhause zu fühlen.
ich erkundigte mich nach dem nächsten zug und ging spazieren, einen café con leche trinken.
ich näherte mich der mole, und da standen nutten herum, am helllichten tag. auch sie sahen nicht wirklich gesund aus. mich fröstelte.
war das ein horrortrip da drüben! marokko. nie-mehr-wieder.
ich stieg in den zug nach valencia. es wurde eine wunderschöne fahrt. andalusien war herrlich anzusehen. sanfte hügel schwangen sich schier endlos durch die landschaft, grünüberzogene weiche wölbungen am boden, gesäumt von weinbergen und orangenhainen. der anblick dieser landschaft machte einen zutiefst friedfertig.
wie entspannend, wieder in europa zu sein.

valencia, 24. nov

die novembersonne war früh schon am horizont verschwunden und so erreichte ich valencia bei dunkelheit.
ich erkundigte mich nach dem strand und lief gut eineinhalb stunden, die schwere tasche schleppend, ehe ich das meer erreichte. ich fand sofort eine kleine pension, checkte ein und ging duschen.
nachdem ich mich ausgeruht hatte, marschierte ich hinaus auf die straße. in einer seitengasse fand ich eine kleine bar, die sehr stilvoll eingerichtet war, mit roten plüschsitzecken und ambientem licht.
ich setzte mich und bestellte einen vodka-orange. wie immer in spanien bekam ich einen mächtig gut gemeinten drink und so saß ich da und begann zu sinnieren.
marokko und fast im knast gelandet. was für eine scheiße.
und all die aidskranken. irrsinn.
gut, wieder in der zivilisierten welt zu sein.
um mich herum saßen frauen, kaum ein mann. die meisten am tresen. sie rauchten und tranken longdrinks, unterhielten sich. alle trugen kurze kleidchen, jedoch ohne die auslagen zu sehr zu präsentieren.
war ich, oder war ich nicht, in einem puff gelandet?
ich beobachtete das geschehen. selbst wenn es ein puff war, so drängten sich die mädchen einem hier nicht auf, ließen einen in ruhe gewähren.
ich verspeiste optisch eine nach der nächsten und genoss die atmosphäre, die geladen war mit prallem, spanischen sex.
nach meinem drink verließ ich die bar, schlenderte am hafen entlang und erreichte die mole.
auch hier standen frauen, nutten, eine verschwand gerade mit einem freier hinter den felsen. ich musterte die mädels im vorbeilaufen. eine superdralle fragte ich nach dem preis.
so um die 45 mark, rechnete ich um.

»ich überlege mir das«, sagte ich und lief weiter.
vielleicht morgen.
ich ging zurück zur pension, und da stand wieder eine.
sie bläst nur, erklärte sie mir, aber das für 20 mark.
soviel hatte ich noch einstecken.
wir verschwanden im park.
ich gab ihr das geld. sie öffnete meinen hosenschlitz und kniete vor mir nieder, entblöste ihre brüste und begann mich zu blasen. ich dachte an marokko und all das aids und dass die da gerade ohne gummi an mir herumzüngelte. risky. that's your name.
meine hobbyhure schluckte alles brav hinunter und gab mir einen salzig schmeckenden zungenkuss zum abschied. eine sogenannte naturgeile. prima.
ich ging schlafen.
am nächsten morgen lief ich zum nahegelegenen strand und legte mich in die sonne. es durfte wohl so 24° haben. perfekt. ich lag da so zwei, drei stunden, als ein junge auf mich zugelaufen kam und sich vor mir in den sand kniete. er sagte irgendwas auf spanisch.
»no comprende español«, antwortete ich und der junge begann mit zeichensprache.
erst deutete er auf meinen penis, dann faltete er die hände als demutsgeste und ließ die zunge im zum o geöffneten mund rotieren.
»ich-will-dir-einen-blasen-bitte«, hieß das.
er war so um die 16, 17, nur mit badehosen und t-shirt bekleidet, hatte einen merkwürdigen hinterkopf. sein ganzer nacken war übersäht mit haaren, wie ein fell. er sah aus wie ein affe.
»na also bitte!«, dachte ich, »wo sind wir denn?«
ich versuchte ihn zu verscheuchen, doch er blieb hartnäckig. er kniete noch immer vor mir und wiederholte seine bitte. dass wir umringt von spaziergängern waren, irritierte den af-

fen nicht weiter. ich hatte noch nie in meinem leben homoerotische fantasien gehabt, und wenn ich daran dachte, dass der es wohl mit jedem hier so machen würde, wurde mir regelrecht schlecht.
da ich ihn nicht wieder los wurde, zog ich mich an und ging. nach einer weile gab er die verfolgung auf und ging zum nächsten mann am strand, um dort seine bitte zu wiederholen.
seufz, den hatte ich los.
ich stapfte zurück in den sand und legte mich zwischen zwei boote, um nicht sofort gesehen zu werden. ich zeichnete und fotografierte und ließ mich von der sonne verwöhnen.
am abend durchstreunte ich das nachbarviertel, aß eine kleinigkeit und nahm hier und da ein getränk. valencia war eine wirklich schöne stadt.
morgen würde ich weiterreisen, meine tage waren allmählich gezählt. wir hatten bereits den 25. und das ticket verfiel am 30.
26. november, 12 uhr früh. ich checkte aus der pension aus und begab mich auf die suche nach dem bahnhof. langer marsch. irgendwo unterwegs entdeckte ich ein straßenrestaurant, in dem es riesige töpfe frischer paella gab, und bestellte mir eine große portion mit hühnchen und meeresfrüchten. ich schlemmte in mich hinein. einfach köstlich.
so war ich in spanien doch noch zu meiner paella gekommen.
nach stunden endlich der bahnhof.
die fahrt ging über barcelona, perpignan, montpellier (hätte ich mehr zeit gehabt, wäre ich hier ausgestiegen), marseille, cannes hin nach nizza.

nizza, 27. nov

es war zwei uhr nachts als ich ankam und den rest der nacht mit allerlei gesindel auf dem bahnhof verbrachte.
am morgen ging ich milchkaffee trinken und aß ein pain au chocolat und eine banane auf der straße. frischgestärkt lief ich durch die stadt zum meer hin und betrat durch eine seitengasse nizzas prachtmeile. jene herrliche strandpromenade, deren villen maßgeblich in der belle epoche entstanden, die sich, von palmen gesäumt, über kilometer am ufer entlangzieht. überall promenierende und alle paar meter eine verschnörkelte, hellblaue parkbank. ein wenig 20-er-jahre flair lag in der luft.
ich suchte mir ein windstilles plätzchen am strand, zog mein t-shirt aus und legte mich in die sonne. schlief ein wenig im wohligen warm. ein genialer november.
ich würde den tag in nizza verbringen und den nachtzug nach paris nehmen.
das licht im november an der côte d'azur war nicht weniger begeisternd als das im august und so saß ich an der strandpromenade und genoss den impressionistischen sonnenuntergang, schlenderte umher, machte fotos vom negresco, plätzen, palmen, dem strand. ich freute mich auf die fotos. all die locations und leute, die ich gesehen hatte; all die kulturen. sie würden eine gute basis für den comic abliefern. mein rotes feuerzeug vom beginn der reise hatte ich noch immer.
später aß ich pizza auf der straße und trank dosenbier. ich war müde und freute mich auf den schlaf im nachtzug.

23 uhr, bahnhof nizza.

der zug nach paris hatte keine abteile und war ziemlich voll. mit glück ergatterte ich zwei plätze für mich und meine tasche.
ich trank dosenbier und rauchte eine fortuna. endlich schlafen. ich hatte noch nicht lange gepennt, da erreichten wir lyon. dutzende von soldaten stiegen zu und jetzt wurde es eng. ich musste den platz mit meiner tasche räumen, ein uniformierter setzte sich neben mich. schluss mit füßeausstrecken. an schlafen war nicht mehr zu denken.

paris, 28. nov

ziemlich gemartert erreichte ich paris am morgen.
ich schloss meine tasche weg und streunte ein wenig durch den bahnhof.
zufällig fand ich einen geldwechselautomaten, der so verstopft war, dass man durch geschicktes stochern die münzen lockern und zum fallen bringen konnte. ich bediente mich, wann immer ich unbeobachtet war und zum schluss zählte ich so ungefähr 50 dm in münzen. gutes startkapital für paris.
ich hatte keine lust auf sight-seeing und so lief ich wahllos zwischen gare de l'est und quartier latin umher. ein milchkaffee, zigaretten, ein weinchen und laufen, laufen, laufen. es war lausig kalt und regnerisch trüb. der november war zurückgekehrt.
nachmittags wurde ich plötzlich hundemüde. ich hatte ja auch die letzten beiden nächte so gut wie nicht geschlafen, und so überlegte ich, wo ich mich ausruhen könnte, ohne ein hotel zu nehmen. ich hielt ausschau nach einer sauna.
stattdessen fand ich ein kino, ein pornokino. ein film mit cicciolina lief. »prima!«, dachte ich, »*der* wollte ich schon immer mal beim ficken zusehen. – und entspannen kann ich hier auch.«
der film war für einen handlungslosen porno recht ansprechend inszeniert, schönes licht, interessante sets, mit feuerinszenierungen und bluttropfen nach dem analverkehr.
das kino war alt und riesig und absolut leer. drei mann saßen da weitverstreut.
ich holte meinen pimmel raus und spielte an ihm herum.
die platzanweiserin dicht hinter mir verließ plötzlich ihren platz, kam zu meiner reihe, lief auf mich zu und setzte sich direkt neben mich. sie war so um die 45 jahre alt und lächelte mich an. sie betrachtete meinen schwanz dort unten, lächelte mich wieder an und begann ihn zu bearbeiten. erst massierte

sie ihn mit den händen und dann tauchte sie plötzlich zwischen meine schenkel ab.
»welch ein service«, grunzte ich und gab mich dem allem hin. vor mir fickte cicciolina, während sich eine pariser madame gerade an meinem schwanz verlustierte. ich ließ mich fallen. war das geil. ich wühlte in ihrem haar, betastete ihre wangen nach meiner schwanzspitze, bewegte mich im rhythmus und ließ mich kommen. die pariser madame unter mir stöhnte ebensolaut wie ich, als die heiße sahne angespritzt kam und gierig schlang sie die ganze ladung hinunter. sie blies noch ein paar mal nach, saugte den letzten tropfen aus mir heraus. leckte sich grinsend mit der zunge über die lippen und küsste erst meinen schwanz und dann meinen mund.
dann stand sie wieder auf und ging zurück an ihren platz in der letzten reihe.
wir hatten nicht ein wort gesprochen während allem.
ich grinste zufrieden. das passierte einem auch nur in paris.
ich versuchte zu schlafen, aber es gelang mir nicht.
also ging ich wieder nach draußen, nicht ohne der platzanweiserin noch einen kuss auf den mund zu geben. es war immer noch lausig kalt. ich streunte umher, aß ein überbackenes baguette und schlemmte einen crêpe mit zimtzucker und grand marnier als nachtisch. kaufte einen sixpack bier. und setzte mich in die lounge eines großen hotels.
als der zug nachts ankam, hatte ich immer noch zwei kronenbourg übrig.
ich fiel in ein leeres abteil, trank die zwei bier und schlief erschöpft ein.
als ich wieder wach wurde, stand der zug. den schildern nach waren wir in deutschland, wohl kurz nach der grenze. mein blick fiel zu meiner tasche. sie war *offen.*
ich durchwühlte die tasche und stockte. wieder und wieder sah ich nach und konnte es einfach nicht fassen.

die kamera war weg! – aber nicht nur die, sondern auch *die filme*! alle meine 12 belichteten kleinbildfilme, die, die meinen comic erzählten, waren nicht mehr da.
»so ein volltrottel!«, schrie ich und meine halsschlagader begann zu pochen.
ich riss die türe vom abteil auf und sah in den gang: leer. ich lief auf und ab und schaute in alle abteile. niemand. nirgends. ich war hier ganz alleine im zug. ich resignierte. der dieb war wahrscheinlich schon vor stunden irgendwo ausgestiegen.
und meine filme lagen inzwischen wohl im papierkorb. belichtet. wertlos, für den dieb. mein tagebuch.
das fotografische zeugnis eines ganzen monats quer durch europa und nordafrika:
vernichtet.
ich hatte die ganze lange reise umsonst gemacht.
meine bilder, meine geschichte war geraubt, vernichtet.
mein comic nichts mehr als eine *erinnerung*.

würzburg, 29. nov

als ich chouchou an dem abend wiedertraf, wusste ich nicht, ob ich mich freuen oder mich aufregen sollte. ich dachte an die zwei typen, mit denen sie geschlafen hatte, während ich weg war. oder waren es inzwischen vielleicht *drei* geworden?
ich öffnete die flasche wein.
dies lied schwirrte in meinem kopf:
je bois, systématiquement,
pour oublier ...

Der Autor

Noodles

geboren am 03.11.1967 in Bad Neustadt/Saale
deutsche Staatsangehörigkeit und kinderlos

Lebt und arbeitet als Grafik-Designer, Autor und Illustrator in Würzburg.

Bisher erschienen (Selbstverlag)

1995: »Am Rande der Nacht« – Comic, Buch
1993: »Trauma« – Comic, Buch
1991: »Story of a summer« – Comic, Buch

www.noodlesschreibt.de

Symbole / Illustrationen:
„Trauma",
Comic, Selbstverlag, 1993

Text / Illustration:
„Am Rande der Nacht",
Comic, Selbstverlag,
1995

Helmut Lauschke

Sieben Geschichten aus Namibia

Dr. Ferdinand berührte bei seiner 'Fahrt' durch den Sternenhimmel, wenn auch nur sehr lose, die Arbeit am Hospital. Die Faulheit und die Angst vor Verantwortung hingen seiner Meinung nach mit der Höhlenmentalität zusammen. Es bestand ein Defizit an Wissen, das erschreckend war. Doch noch erschreckender war der Unwille, hart zu lernen, um die Wissenslücken in kürzester Zeit zu schließen. Denn das war jeder Arzt dem Patienten schuldig.

ISBN 3-86634-170-9 Paperback
Preis 19,80 Euro 380 Seiten, 19,6 x 13,8 cm

Rudolf Hufenbach

Australien –
und die Zeit bleibt stehn
Reiseimpressionen

In diesem Buch beschreibt Rudolf Hufenbach seine Erlebnisse von einer Reise auf den kleinsten Kontinent am anderen Ende der Welt – Australien.
Gemeinsam mit seiner Frau Erika bereiste er die Ostküste, den Norden und das Rote Zentrum des Kontinents mit faszinierend abwechslungsreichen Landschaften.
Dabei kam es zu herzlichen Begegnungen mit australischen Einwohnern und unerwarteten, schönen Erlebnissen am Rande der Tour.

ISBN 3-938227-94-X
Paperback
Preis 9,80 Euro
104 Seiten, 19,6 x 13,8 cm